Made in the USA
Middletown, DE
19 January 2022

59154321R00062